DE L'INFLUENCE

DE LA

GUERRE D'ESPAGNE.

DE L'INFLUENCE

DE LA

GUERRE D'ESPAGNE

SUR

L'AFFERMISSEMENT DE LA DYNASTIE LÉGITIME

ET DE LA MONARCHIE CONSTITUTIONNELLE

EN FRANCE.

PAR M. BILLECOCQ, AVOCAT.

Imperium sine fine dedi.

VIRG.

PARIS.

LIBRAIRIE DE CHARLES GOSSELIN,

RUE DE SEINE, N.º 12.

20 OCTOBRE 1823.

ADRIEN ÉGRON, IMPRIMEUR
DE S. A. R., MONSEIGNEUR, DUC D'ANGOULÊME.

DE L'INFLUENCE

DE LA

GUERRE D'ESPAGNE

SUR

L'AFFERMISSEMENT DE LA DYNASTIE LÉGITIME
ET DE LA MONARCHIE CONSTITUTIONNELLE

EN FRANCE.

PAR M. BILLECOCQ, AVOCAT.

Imperium sine fine dedi.
VIRG.

PARIS.

LIBRAIRIE DE CHARLES GOSSELIN,
RUE DE SEINE, N° 12.

M DCCC XXIII.

AVERTISSEMENT.

Les deux plus graves intérêts des Français sont la matière de cet Ecrit.

Il ne s'y trouve rien pour la passion. Mais je crois qu'il doit satisfaire la raison et la bonne foi. Ce succès est le seul auquel j'aspire.

Comme il est permis à tout écrivain de s'emprunter à lui-même, je ne me suis point fait scrupule de fondre dans ces pages, parce qu'elles se rapportaient directement à mon sujet, quelques idées répandues dans plusieurs autres ouvrages que j'ai publiés depuis la Restauration. Les vérités de fait sont bonnes à redire. Elles valent mieux que les théories.

DE L'INFLUENCE

DE LA

GUERRE D'ESPAGNE

SUR

L'AFFERMISSEMENT DE LA DYNASTIE LÉGITIME
ET DE LA MONARCHIE CONSTITUTIONNELLE

EN FRANCE.

A l'époque où le Gouvernement français eut reconnu que la guerre avec les oppresseurs de l'Espagne et de son Roi ne pouvait être évitée, sa résolution de la faire trouva des apologistes et des contradicteurs.

Les motifs, il faut l'avouer, ne manquèrent ni aux uns, ni aux autres, pour expliquer ce grave dissentiment et jamais, peut-être, ce ne fut avec plus de bonne foi que les esprits purent se diviser sur un point de politique.

Si, d'un côté, la protection assurée par les dominateurs de l'Espagne à des conspirateurs de France, l'admission de ceux-ci dans les troupes espagnoles, la liberté laissée à d'autres de se former en corps auxiliaires d'une armée ennemie de la France, les intelligences de tous dans l'intérieur de ce dernier royaume, les outrages prodigués, dans le sein même des Cortès, au vénérable chef des Bourbons et à son auguste famille, le péril des deux trônes enfin, furent autant de faits constans qui, en menaçant nos institutions, commandaient la défense; de l'autre, de sérieuses considérations balançaient ces raisons puissantes. Elles les balançaient, même lorsque c'était une armée de Français qu'un Prince dont les preuves étaient faites devait guider dans les combats.

Une semblable entreprise était de nature à ce qu'un terme n'y fût pas assigné avec cer-

titude, et la monarchie constitutionnelle n'a
pas à sa disposition les hommes et l'argent
comme la monarchie absolue.

L'expérience avait prouvé, et d'habiles généraux signalaient de nouveau les difficultés
que la nature des lieux oppose toujours au
prompt succès d'une guerre contre les Espagnols sur leur territoire.

La séduction de nos troupes se méditait et
se préparait par des manœuvres connues. Le
drapeau de la révolte serait infailliblement
déployé à leurs yeux et, peut-être, il y aurait
à déplorer de douloureuses défections.

L'état politique intérieur du Portugal, alors,
favorisait l'audace et semblait accroître les
ressources de la révolte en Espagne.

Au milieu des événemens inséparables d'une
guerre de cette nature, la sûreté de toute une
royale famille allait être gravement compromise.

La neutralité de cette Angleterre qui, pour n'être pas en guerre avec nous, n'en a pas moins toujours les intérêts d'une rivale, devait donner beaucoup à penser.

Au milieu de ses sollicitudes pour le dehors, le Gouvernement ne devait pas demeurer en sécurité sur le dedans.

Enfin, vaincre n'était pas tout. Il fallait encore être rassuré sur la victoire elle-même, porter les regards dans l'avenir, et reconnaître si l'Espagne subirait, en définitif, des changemens politiques dont la stabilité fût assez probable pour que le voisinage, désormais, cessât d'être un objet d'inquiétude.

Certainement, toutes ces raisons d'agir ou de ne point agir, qui justifiaient, les unes l'impatience, les autres l'inquiétude, ont été aperçues, pesées, délibérées. La sage lenteur avec laquelle le Gouvernement français a mûri sa détermination le prouve. Cette lenteur lui a valu des reproches d'un côté, lorsque, de l'autre, on l'accusait de précipiter la guerre. Il n'a ni mérité les reproches, parce que c'est toujours assez tôt que le sang des hommes se verse, même pour une cause légitime ; ni encouru l'accusation, parce que la guerre n'a été résolue qu'à la dernière extrémité.

En la déclarant, le Gouvernement de France cédait à la nécessité. Il savait que, si la malveillance, exagérant les chances de mauvais succès, faisait entendre des prédictions sinistres qui ressemblaient trop à des vœux coupables, des amis éprouvés de la cause royale n'étaient pas sans craintes. Mais il a tout espéré des Français marchant sous la bannière des lis. Il en a reçu sa récompense dans le premier coup de canon tiré par les troupes aux ordres du général Valin. L'Espagne, en effet, put être regardée comme occupée et comme soumise dès le jour où le soldat français, mis à une épreuve nouvelle, demeura fidèle à l'étendard sous lequel le Monarque légitime était rentré sur la terre de ses aïeux. Ce fut aussi, de la part du Gouvernement, avoir calculé juste que d'avoir placé au premier rang des garanties du succès la présence et le commandement suprême d'un Prince qui n'a besoin que des occasions pour montrer en lui les vertus chevaleresques des héros de sa race.

Acquitter envers le pacificateur de l'Espagne, envers ses valeureux compagnons d'armes, le tribut d'éloges qui leur appartient, c'est la dette de l'histoire. A elle seule il est réservé de raconter dignement une guerre à laquelle nulle autre n'a jamais ressemblé; de signaler les traits nombreux d'humanité, de sagesse, de fermeté, d'intrépidité, qui ont reproduit à nos yeux, dans l'un de ses descendans, le père des Bourbons, le vainqueur des Anglais et des Sarrasins, le saint Roi. Elle seule dira convenablement les hauts faits de ces habiles généraux, de ces vaillans soldats, qui, maîtres depuis long-temps dans l'art de vaincre, apprirent sous un Bourbon combien a de puissance, pour le triomphe d'une cause juste, l'alliance des vertus religieuses avec la valeur guerrière.

Je ne me suis proposé, dans ces pages, que d'examiner l'influence assurée de la dernière guerre sur notre état politique intérieur. J'ose affirmer, parce que j'en ai la conviction profonde, que le résultat de la lutte contre le génie du mal en Espagne sera de consommer, pour la France, l'œuvre de la Restauration de 1814; d'y affermir le trône des Bourbons et, avec lui, nos institutions nouvelles; d'écarter sans retour les idées de pouvoir absolu, de rallier autour de la dynastie régnante et de la monarchie tempérée l'immense majorité des Français, et de montrer à l'Europe la France garantie au-dehors par une force imposante, préservée au-dedans par des lois paternelles.

Les malheurs de l'Espagne, il faut qu'on le reconnaisse avec franchise, ont eu pour cause le système de gouvernement qui a prévalu dans les conseils de son Roi, après que les événemens politiques et militaires de 1813 et de 1814 ont eu rétabli ce monarque sur son trône. Héroïque, seulement alors qu'il combattit pour son indépendance, qu'il résista au dessein conçu par un despote de lui donner une autre dynastie, d'autres lois, d'autres institutions, le peuple Espagnol offrit à l'univers le plus touchant comme le plus admirable des spectacles, celui d'une nation entière défendant son territoire, son culte, son Roi, tous ses droits. Des prodiges de courage et de résolution signalèrent cette lutte mémorable, et Sarragosse a presque fait oublier Sagonte.

Un peuple capable de ce dévouement et qui, depuis sept années, avait prodigué son sang pour une telle cause, méritait que le Gouvernement légitime qui ressaisissait le pouvoir lui montrât une confiance, j'ai presque dit une reconnaissance, qui valût à la nation la réforme ou l'adoucissement de quelques-unes de ses lois.

Il n'en fut pas ainsi. Les événemens qui suivirent la Restauration en Espagne prouvèrent qu'un Monarque dont les intentions étaient droites avait été malheureux dans le choix de ses conseillers. L'horizon politique s'y chargea bientôt de nuages. Sous prétexte de mieux régler le pouvoir, quelques ambitieux l'arrachèrent à leur Roi, les armes à la main, et s'en saisirent pour eux-mêmes, en imposant à leur pays un gouvernement où ce Roi n'était plus que leur premier esclave. On sait le reste. On sait quels maux affreux l'essor d'une démagogie furieuse a répandus sur toute l'Espagne ; sous quel joug de fer le Roi et le peuple y ont gémi depuis la révolte de l'île de Léon ; avec quelle insolence les orateurs et les pamphlétaires des Cortès menaçaient la paix de l'Europe, et surtout celle de la France ; avec quelle indignation l'immense majorité des Espagnols protestait contre le pouvoir du sabre ; avec quelle ardeur elle soupirait après le terme de l'orgie politique des Cortès ; avec quelle joie elle a reçu le bienfait de la délivrance du pays.

Tous ces désastres, il faut le redire, ont eu leur source dans la direction fâcheuse que des hommes peu éclairés ont, en 1814, donnée aux affaires intérieures de l'Espagne. A ce sujet, je me souviens qu'après la réponse de S. A. R. *Monsieur*, comme lieutenant-général du Roi, au sénat, et, plus encore, après la déclaration de Saint-Ouen et la promulgation de la Charte, des hommes que j'honore d'ailleurs, et dont je respecte les opinions, sans les partager toujours, voyant déconcerté l'espoir qu'ils avaient conçu d'un retour aux anciennes constitutions de la monarchie, s'écriaient, avec une sorte d'envie, à l'aspect de l'Espagne gouvernée comme elle l'a été pendant quelque temps : « Voyez le Roi d'Espagne ! » A ces personnes, si toutefois ce qui s'est passé en Europe depuis 1814 jusqu'à ce jour ne leur a point ouvert les yeux, on a pu dire aussi depuis trois ans : « Voyez le Roi d'Espagne ! » De même qu'à l'aspect de la France, de son gouvernement, de sa prospérité toujours croissante depuis les deux Restaurations, les amis éclairés des Bourbons et de la monarchie, dans la Péninsule, ont pu dire souvent à leurs compatriotes, mais dans un sens bien différent et avec un bien autre avantage : « Voyez le Roi de France ! »

Et, en effet, s'il est vrai que, même avec des institutions, avec un gouvernement régulier, avec la Charte enfin, la France, au sein de laquelle fermentaient encore tant d'élémens divers, a ressenti des oscillations et même des crises intérieures, il l'est, aussi, que la liberté et le pouvoir y sont assez heureusement combinés pour que ces secousses aient eu lieu sans péril ; il l'est que chacun, au milieu des opinions qui s'entrechoquent, des ambitions qui se croisent, des passions qui se heurtent avec plus ou moins de violence, a l'instinct d'une force, protectrice de tous, qui réside dans les lois et dans les moyens de leur exécution. Présage assuré de l'attachement que, malgré le froissement de tant d'intérêts, malgré des préventions accueillies et des impressions reçues, la masse de la nation prendra, de jour en jour, pour une dynastie d'autant plus paternelle qu'elle est légitime, et pour une monarchie d'autant plus solide qu'elle est plus tempérée.

Comment a-t-il donc été obtenu ce résultat, si différent des suites qu'a eues le premier rétablissement de Ferdinand VII sur son trône ? comment a-t il été obtenu après vingt-cinq années de désordres et de fureurs civiles, pendant le cours desquelles toutes les formes de gouvernement avaient été essayées en France, hors celle qui devait et pouvait seule y mettre un terme ? C'est ce qu'il est de mon sujet d'expliquer avec quelques développemens, qui, en montrant le contraste plus complet entre notre situation intérieure et celle de l'Espagne depuis neuf ans, n'en prouveront que mieux l'influence infaillible de la guerre dernière sur l'affermissement du trône des Bourbons et de la monarchie constitutionnelle en France.

Depuis la catastrophe du 10 août 1792 jusqu'au jour où s'écroula ce colosse, dont la Providence semble n'avoir permis l'élévation si prodigieuse que pour que la chute en fût plus retentissante (1), la France avait offert un spectacle qui ne pouvait que rendre plus vif le désir de vivre enfin sous un gouvernement sage et paternel. Tout y avait été anarchie et tyrannie sous des formes diverses. Les mots qui représentent les idées les plus nobles, dans leur application aux droits de l'homme social, étaient restés des mots; les choses n'avaient point existé un seul moment. Disons-le nettement : on s'était joué du peuple français dans le cours de toute cette longue convulsion politique, et il n'avait rien avoué ni des outrages subis par la famille régnante, ni de la proscription prononcée contre elle, ni de la durée de l'anarchie, ni de l'intronisation de la tyrannie. Non, certes, le peuple français n'avait rien demandé de tout cela dans la rédac-

_____

(1)   *Tolluntur in altum*
Ut lapsu graviore ruant.
Claud.

tion des cahiers, lors de la convocation des Etats-Généraux, seule époque d'un véritable concours national aux affaires politiques. Il ne l'avait approuvé non plus dans aucun autre temps postérieur.

On ne peut donc contester que Louis XVIII, chef de la dynastie légitime, prenait le sceptre comme il l'eût pris dans un état naturel des choses, comme il l'eût pris à la mort du Roi enfant, son infortuné neveu. Tout le temps, en effet, qui s'était écoulé entre le renversement, en 1792, de la dynastie régnante et le retour de la famille royale, en 1814, avait été rempli par des violences que la nation n'a jamais voulues, plus qu'elle n'a sanctionné l'anéantissement de la royauté. L'assemblée qui remplaça la Constituante et dont une faction, née dans son sein, avait violé la liberté, avait été dissoute par la catastrophe du 10 août. La Convention, prétendue *nationale*, s'était formée par les ordres des assassins, en chef, du 2 septembre. Et personne ne doute que si,

dès le lendemain du 10 août, ou après l'instal-
lation de cette Convention, Louis XVI eût eu
des forces suffisantes pour triompher de cette
faction qui dominait la France, il ne fût rentré
dans la plénitude de légitimité que la nation
n'a jamais exprimé la résolution de méconnaître.
Un Roi, qu'on se le persuade bien, est l'homme
de toute une nation ; il appartient à elle toute
entière. C'est pour elle et non pour lui que
l'hérédité existe. Il ne tombe pas ainsi au gré
de quelques factieux, ni, même, au gré de
beaucoup de mécontens. Louis XVIII ne fut
donc qu'un successeur naturel de son frère et
de son neveu.

Mais il s'agissait, en 1814 et après un long
sommeil de la monarchie, de régner sur un
peuple éclairé par vingt-cinq années de malheurs, sur un peuple généreux, ami de la liberté, ami de la gloire, passionné pour l'honneur. Il s'agissait de réaliser pour lui ce qu'avait
voulu sincèrement Louis XVI, en convoquant
les Etats-Généraux, et dans l'essai de cette

constitution de 1791, dont la France et lui firent une expérience si malheureuse. Non-seulement les institutions antérieures à 1789 ne pouvaient plus convenir à la France, mais encore il n'était pas de Français qui dût les espérer ou les désirer. La question, en effet, n'était pas de savoir s'il eût mieux valu pour nous demeurer dans l'état de constitution monarchique antérieur à 1789, que de nous hasarder jamais sur la mer ensanglantée des révolutions. Personne, en France, n'eût voulu courir la chance du mieux au prix de tout ce qui est arrivé. Mais il s'agissait de reconnaître si, après vingt-cinq années pendant lesquelles la nation s'était imprégnée fortement d'idées nouvelles dont plusieurs étaient bonnes, les institutions ne devaient pas y être co-ordonnées, et cette autre question ne faisait pas plus de doute que l'autre. Sans qu'il soit besoin de rechercher ce qui existait réellement de liberté publique avec les Parlemens et les trois Ordres de l'Etat, des obstacles invincibles s'opposaient à la reconstitution du gouvernement sur ses antiques bases. Les grandes fortunes qui avaient été, pour les parlemens, le moyen de cette indépendance avec laquelle, dans tous les temps, ils défendirent alternativement le peuple et le trône, s'étaient évanouies entièrement. La vertu des magistrats est sans contredit leur premier titre à la considération publique. Mais tout le monde sait que, dans les luttes des corps d'un état avec le pouvoir, la fortune personnelle des membres qui composent ces corps devient aussi une garantie nécessaire pour les gouvernés. Les vicissitudes de la révolution, il est vrai, avaient fait passer les richesses parlementaires en d'autres mains ; mais elles n'y avaient pas fait passer les noms, l'illustration, les glorieux souvenirs, ce prestige, enfin, dont l'effet était toujours de laisser apercevoir dans les personnes des magistrats qui siégeaient au sein des parlemens les générations de leurs aïeux, aussi leurs prédécesseurs. D'un autre côté, les trois ordres ne pouvaient plus se recomposer en France. Le Clergé, si cruellement calomnié dans ces derniers temps, était réduit, depuis vingt-cinq ans, à la pauvreté du législateur de l'Evangile, et jamais peut-être, à aucune époque de l'histoire de l'Eglise, il n'avait pratiqué plus sévèrement les préceptes de son divin maître ; jamais il ne s'était moins mêlé des affaires du siècle. Tous les élémens lui manquaient donc pour qu'il pût redevenir un Ordre dans l'Etat et chacun, aujourd'hui, doit regarder le clergé comme plus destiné à la conduite des âmes qu'au gouvernement des peuples. Enfin, les hommes qui constituent essentiellement la force de la nation, c'est-à-dire ceux de vingt-cinq à quarante ans, ne soupçonnaient pas plus ce qu'avaient été des parlemens et trois ordres dans l'Etat, que la plupart d'entre nous ne se doutent de ce que furent les gouvernemens de quelques-uns des peuples de l'antiquité.

Le Roi savait tout cela.

Il savait aussi qu'au nombre des espérances

conçues, des vœux formés par la masse des Français en 1789, il s'en trouvait qui pouvaient être réalisés; que le long abus qui avait été fait des mots, loin de déposer contre la nécessité des choses, démontrait plus encore cette nécessité ; qu'ainsi une représentation nationale, le vote libre de l'impôt, la liberté individuelle, la liberté des cultes, la liberté de la presse, avec les modifications commandées par le devoir de réprimer les délits dont elle pourrait devenir le moyen, l'égalité devant la loi, l'admissibilité de tous aux emplois publics sans privilége, à cet égard, pour la naissance, étaient autant de bases de gouvernement que la nation chérissait d'autant plus qu'elle les regardait comme chèrement achetées.

Il savait encore que, depuis plus de vingt années, des biens, jadis les propriétés du clergé, des communautés religieuses, des familles ou des particuliers, étaient passés, à la suite de confiscations, sur la foi de lois existantes, de lois sanctionnées par le Roi et approuvées par un concordat avec Rome, entre les mains d'une grande quantité d'acquéreurs; que ceux-ci, par succession de temps, les avaient transmis eux-mêmes à des milliers d'individus ou de familles, desquels encore ils étaient arrivés, par la voie des partages, des ventes, des échanges, par le résultat de divisions et de subdivisions à l'infini, aux derniers et actuels possesseurs. Sans méconnaître ce qu'il y avait eu d'inique à dépouiller les anciens propriétaires, le Roi ne crut pas pouvoir prendre pour sa règle les seuls sentimens de l'homme privé. Il consulta la raison d'Etat. Elle lui fit connaître, sans doute, que la création originaire d'un papier-monnaie, en France, avait été la cause principale, pour le plus grand nombre des acquéreurs primitifs, de la détermination d'en acheter; que, parce qu'il s'y était mêlé des spéculateurs sur le vil prix, ce ne pouvait être une raison de troubler l'ordre public et les familles par des inquisitions tendantes à distinguer les uns des autres, encore moins de déposséder les détenteurs actuels, qui avaient, comme leurs prédécesseurs, des lois solennelles pour leur garantie, et d'introduire ainsi un circuit forcé d'innombrables actions judiciaires, capables de bouleverser la société politique. La raison d'Etat apprit tout cela au Monarque, qui entrevit, facilement aussi, qu'inquiéter ces propriétaires, ce serait donner autant d'ennemis à la Monarchie légitime; qu'au contraire, respecter leurs titres et les mettre sous la protection d'une loi fondamentale, ce serait les désintéresser des Gouvernemens passés, et les attacher au Gouvernment futur. Et les faits de l'interrègne ont bien justifié le Roi de n'avoir envisagé cette matière délicate qu'en homme d'Etat. L'un des prétextes de plainte, de la part des adhérens de Bonaparte, a consisté dans les prétendues inquiétudes données aux acquéreurs de biens nationaux. C'est cette classe de Français, principalement, qu'on s'est efforcé d'enflammer pour sa cause. Qu'eût-ce donc été, si l'irrévocabilité des acquisitions ne se fût pas trouvée consacrée par la Charte, ou s'il y eût eu la moindre violation de commise par le Ministère à cet égard? Mais le Roi avait compris tout ce qui rendait inévitable la déclaration solennelle d'irrévocabilité dans la loi fondamentale ; et ce fut encore là une des bases arrêtées dans sa haute sagesse. Il se réserva de consoler, autant qu'il serait en son pouvoir, par des bienfaits ou par des faveurs, ou même par des mesures légales qui laissassent intact le principe constitutionnel de l'irrévocabilité des ventes, les victimes de la force majeure. Et l'on sait que ce dernier résultat, destiné certainement à se réaliser, le serait déjà aujourd'hui, si les suites de la fatale irruption de 1815 n'eussent forcé le Gouvernement d'ajourner à de meilleurs temps l'exécution d'une noble pensée sortie du cœur de l'un de nos plus illustres guerriers.

Il savait encore, Louis XVIII, qu'au milieu même des désordres qui avaient troublé la France et ébranlé l'Europe, les plus glorieux exploits, les plus importans services, des talens supérieurs, enfin, avaient, en conservant l'honneur français, justifié les distinctions et une Noblesse conquises sous les yeux de la nation et de l'armée. Il savait qu'une de ces distinctions, dont le nom rappelait l'honneur lui-même, était digne, par cela seul, d'un peuple qui lui a rendu, dans tous les temps, une espèce de culte; que cette noblesse, nouvelle par le temps, brillait déjà de toute la splendeur de l'ancienneté. Il jugea donc qu'un Roi français devait s'empresser de consacrer, par la loi fondamentale, la Légion-d'Honneur et la nouvelle Noblesse.

Enfin, le Roi, que son propre cœur eût suffi pour diriger à cet égard, avait entendu les dernières paroles de son auguste frère expirant. Le testament de Louis XVI lui paraissait être un monument de magnanimité chrétienne devant lequel devaient tomber tous les souvenirs et tous les ressentimens. Il n'ignorait pas quelle pouvait avoir été déjà l'expiation par les remords ou par les alarmes. Sa sollicitude devait se porter sur des épouses, sur des enfans, sur des familles qui se trouvaient liés aux conséquences d'un fatal égarement. Elle lui commandait à lui, Roi, de pourvoir au repos de tous ses sujets indistinctement, et non-seulement de ne pas tolérer, mais encore d'interdire ce qui pouvait perpétuer les inquiétudes et les afflictions domestiques. Un article exprès, dans la loi constitutionnelle, lui sembla indispensable pour atteindre ce but, si digne d'une âme vraiment royale.

Toutes ces bases, et d'autres encore, furent donc destinées à devenir celles de la Charte.

Le Roi, à qui l'on a fait la grâce, même dans un écrit publié au temps de la dernière anarchie impériale, de reconnaître *qu'il entend assez bien le système des gouvernemens représentatifs*, prouva qu'en effet il avait, depuis vingt-cinq ans, médité profondément sur cette matière. Et tous les hommes instruits, tous ceux qui ont fait, depuis vingt-cinq ans, une étude sérieuse des plus graves questions de ce genre, se sont accordés à reconnaître qu'on ne pouvait avoir approprié mieux la forme du Gouvernement aux vœux de la nation française. Tous ont avoué que les plus satisfaisantes garanties se rencontraient dans la Charte de Louis XVIII, et en faisaient un monument de législation capable d'assurer le bonheur d'un grand peuple.

La Charte fut donc un excellent résultat des méditations d'un Monarque très-sage, combinées avec les observations d'hommes très-éclairés.

Le Roi la donna sous le titre d'Edit de réformation, parce qu'en effet elle était la réformation des anciennes constitutions du royaume, et un préambule expliqua les motifs.

Il la donna, de ce pouvoir que j'ai prouvé n'avoir jamais cessé d'être celui de Louis XVI, et, après lui, de ses légitimes successeurs; de

son pouvoir de chef d'une dynastie *régnante*
et *continuée en sa personne par l'hérédité.*

Il la donna de ce même pouvoir en vertu
duquel Louis XVI avait convoqué les Etats-
Généraux du royaume.

Il la donna, comme Louis XVI aurait pu
la donner lui-même à la France avant cette
convocation, si des idées assez mûries dès-
lors eussent conduit à la résolution d'un tel
changement. Et certes, si, dès 1788, époque
de troubles précurseurs d'une révolution, ce
Prince eût eu l'inspiration de prévenir les événemens par un édit qui fît jouir les peuples
du bienfait de la Charte, les Français, sans se
livrer à de vaines théories, auraient couvert
de bénédictions le nom du Monarque. Une
sollicitude et une confiance déployées avec
tant de grandeur et de supériorité de lumières,
auraient excité l'admiration et la reconnaissance universelles. Une révolution devenait
sans objet, et personne n'eût songé à toutes

ces théories qui ont fait verser des torrens de sang français. C'est là, je le pense, un texte à méditer. Car il faut reconnaître, pourtant, que nous n'avons pas été placés dans ce monde pour y faire ainsi notre propre malheur, en sacrifiant les jouissances les plus douces, pendant toute la durée de nos belles années, à de sanglantes controverses dont les trois-quarts des contestans ne comprennent jamais bien le fond.

Enfin, Louis XVIII donna la Charte et n'en accepta point une, parce qu'investi héréditairement du pouvoir monarchique pour l'intérêt de la nation, et la nation n'ayant jamais manifesté une volonté contraire à ce pouvoir royal, le Roi légitime a dû pourvoir au besoin qu'elle avait d'un gouvernement qui fût conforme à ses vœux. L'a-t-il fait, ou ne l'a-t-il pas fait ? Ce serait à cela, suivant moi, que devrait se borner toute la question. Or, l'opinion nationale l'a résolue à l'avance en faveur de Louis XVIII.

Il donna la Charte et n'en accepta point une, parce que l'intérêt de la nation elle-même le voulut ainsi, autant que celui du Monarque ; parce que, dans les temps de crise, le Monarque, malgré son inviolabilité constitutionnelle, malgré la responsabilité de ses ministres, aurait pu se voir, sous le prétexte d'infractions à la Charte, de violation du contrat, attaqué personnellement, ébranlé, renversé, et qu'ainsi tous les ans, peut-être, le trône aurait pu changer de possesseur, ou même la dynastie se renouveler au gré des passions de quelques hommes. Or, l'intérêt de toutes les familles qui composent celle qu'on appelle la Nation, l'intérêt de toutes les professions, de toutes les existences sociales, s'oppose à ce que la paix intérieure et l'ordre public soient exposés sans cesse à de pareils troubles. Un Roi légitime en est le conservateur, le protecteur. Il n'a pas moins des obligations à remplir qu'un pouvoir à exercer. C'est ce que Louis XVIII a compris, et d'autant mieux que les maux sous le poids desquels la France a gémi pendant une si longue épreuve de l'anarchie et de la tyrannie, lui indiquaient plus clairement combien la stabilité du trône importe à tout un grand peuple gouverné par la loi monarchique.

C'est un Gouvernement fondé sur de telles bases et sur de tels droits qui a existé en France après la Restauration.

Il faut que ce Gouvernement ait eu en lui-même, dès sa naissance, un grand principe de force. Car des crises politiques extérieures et intérieures, très-capables de l'altérer dans sa forme, même de le détruire, l'ont laissé ce que Louis XVIII l'avait fait. On aura la bonne foi, sans doute, de ne pas se prévaloir de l'interrègne comme d'une objection contre la proposition. Les causes de cette trop mémorable catastrophe sont connues. Je ne les rappellerai pas, ayant à cœur, par dessus tout, de ne réveiller aucun souvenir pénible. Je me bornerai à dire que ces causes ont été d'une nature telle, et si particulière, que leur effet passager ne prouve rien contre la valeur des institutions par lesquelles le Roi avait cru devoir remplacer les anciennes bases de la Monarchie. Loin de là, l'interrègne lui-même sert à démontrer combien Louis XVIII avait deviné le vœu des Français pour une monarchie tempérée par une distribution régulière des pouvoirs. Nous avons vu, en effet, dans le cours de cette seconde usurpation, que celui qui, pendant la trop longue durée de là première, n'avait pas connu de bornes à sa puissance, s'était résigné, par nécessité, à une forme de gouvernement imitée ou, plutôt, parodiée de la Charte, c'est-à-dire exclusive du pouvoir absolu. Sans doute, on a le droit de penser que ce joug eût été bientôt secoué si l'homme qui s'y était soumis fût rentré en France escorté de troupes victorieuses. Mais il n'en demeure pas moins incontestable qu'à lui-même l'opinion avait commandé en cette circonstance.

Je reviens à ma proposition.

S'il y eut une époque où l'on ait pu supposer que la Charte n'aurait eu qu'une existence éphémère, une époque favorable à cette *revanche* qu'un des orateurs de la Chambre des Pairs, dans le développement de son opinion sur la question de la guerre avec l'Espagne, a paru croire qu'on projetait de prendre dans les hauteurs des Pyrénées, certes ce fut bien le temps qui suivit immédiatement le second retour du Roi. Tant de passions fermentaient ; cette exaspération des esprits qui pousse toujours les hommes au-delà des bornes était si violente, l'étourdissement général si profond, qu'il semble que rien n'eût étonné dans ce genre. Cependant, une fois que l'allure de Gouvernement a pu être reprise en France, c'est le Gouvernement de la Charte qui s'y est rassis, et sur ses premières bases. Deux raisons en existent : la première, que la parole du Roi est stable ; la seconde, que ce que le Roi avait fait était bon. Je conviens que, soit à la nouvelle de l'irruption de Buonaparte, soit, même, immédiatement après la crise, quelques me-

sures ont été adoptées qui dérogeaient à la
Charte. Mais elles se sont expliquées par les
causes dont j'ai·parlé plus haut. L'homme sur
la gorge duquel on met le pistolet ou le poi-
gnard ne compte plus sur les commissaires de
police ni sur les tribunaux. Il dispute sa vie
avec toutes les armes et par tous les moyens
que le besoin naturel de sa conservation et la
conscience du droit de légitime défense peuvent mettre à sa disposition. Une fois sauvé,
il rentre sous l'empire des lois qui n'avaient pu
le protéger.

Le Gouvernement fondé sur la Charte mar-
chait avec force et sécurité. Tout à coup, de
grands événemens fixent l'attention de l'Europe. Elle apprend le soulèvement de la Grèce
contre les barbares qui l'oppriment depuis plusieurs siècles. Bientôt, et presque simultané-
ment, deux nations, dont l'une voisine de la
France, sont en proie à des troubles qui y me-
nacent la royauté et les dynasties. L'exemple
ne tarde pas à devenir contagieux. Deux autres

peuples , dont l'un , encore , touche par ses
frontières aux nôtres, éprouvent toute la violence des mêmes convulsions politiques. La
secousse se fait ressentir jusqu'au sein de la
France, où des conspirations sont ourdies, à
divers intervalles , contre le trône et contre
le Gouvernement. Tant de circonstances ex-
traordinaires, qui réveillaient des regrets et
des espérances, semblaient pouvoir être des
causes de renversement ou de changement. Il
n'a rien été de tout cela. Le Roi a tenu d'une
main ferme et vigoureuse les rênes de son
Gouvernement. Les Chambres ont continué
de s'ouvrir pour leur session annuelle. Des
projets de lois leur ont été proposés. La dis-
cussion, dans leur sein, en a été contradic-
toire. Surtout, elle y a été libre , franche ,
courageuse de part et d'autre. Les lois une fois
portées, les tribunaux et les administrations
ont fait leur devoir, celles-ci en les exécutant,
ceux-là en en assurant l'exécution. En un mot,
le Gouvernement est demeuré ce que le Roi
l'avait fait , malgré les commotions à l'exté-

rieur, malgré les tentatives au-dedans; le Gouvernement de la Charte a marché, et il marche. Sans doute, au milieu de ces résultats il y a eu du déconcert, il y a eu des mécontentemens, parce que plus d'un calcul a été dérangé, plus d'un intérêt privé a souffert. Et certes, si, à quelque époque que ce soit, des injustices ont été commises, ou bien si des erreurs de l'administration sur les personnes en ont eu le caractère, je ne suis pas de ceux qui le regarderaient comme indifférent. Encore moins trouverais-je étranges les plaintes qu'elles auraient fait naître. Je les déclarerais naturelles, au contraire, et je formerais les vœux les plus ardens pour qu'elles fussent réparées. Mais où fut-il jamais le Gouvernement qu'on ne trompât point, qui satisfît à tous les intérêts, qui plût à tout le monde? Et comment ces disgrâces particulières n'auraient-elles pas lieu dans un pays si long-temps désolé par les discordes civiles, dans un temps où les passions politiques y fermentent encore et où des spéculations privées s'établissent trop souvent,

sans que le Gouvernement soupçonne le moins
du monde en devenir l'instrument, non-seulement sur des différences, mais même sur des
nuances d'opinion ? Une objection plus sérieuse, serait qu'à travers les événemens que
je viens de rappeler, on a vu s'effacer et disparaître des hauts emplois , pour faire place à
d'autres, plus d'un homme utile, plus d'un vrai
serviteur du Roi et de l'Etat. Ce sont là les
chances dans le Gouvernement représentatif.
Peut-être y sont-ce les inconvéniens. Mais l'es-
sentiel pour lés gouvernés, c'est que l'action y
demeure la même, c'est-à-dire continue, forte
et modérée. Aimons à croire que les hommes
méritans ne sont jamais irrévocablement perdus pour leur pays; que le temps, qui éclaire
tout, ramène vers eux la justice des jugemens
publics et la confiance des Gouvernemens.

Enfin, la guerre avec les oppresseurs de
l'Espagne a éclaté. Les causes génératrices de
cette guerre, dont le dessein a été si fort con-
troversé, comme je ne l'ai pas dissimulé

étaient, à ce qu'il semble, bien propres à produire une violente commotion intérieure, tant les esprits, en France, étoient diversement affectés. Des écrits ont été publiés, des discours prononcés dans les deux sens. On discutait encore pendant que nos soldats triomphaient. Le gouvernement a poursuivi sa marche. La confiance s'est attachée à ses opérations et le crédit public non-seulement s'est soutenu, mais encore a reçu un notable accroissement. Le résultat de cette guerre est connu. Quelles vont être les conséquences ? c'est ce qu'il s'agit d'examiner. .

Tout homme de bonne foi reconnaît, sans doute, que le roi d'Espagne, ou mieux conseillé, dès sa rentrée dans ses états, ou prenant de lui-même, à l'exemple de Louis XVIII, les résolutions indiquées le plus clairement par l'expérience du passé et par la nécessité des temps, auroit prévenu les maux qui viennent de désoler la péninsule, en même temps qu'il n'eût pas eu la douleur de voir les colonies se séparer de la métropole. Non que la Charte française ait dû, pour cela, devenir la forme du gouvernement en Espagne. Ce n'est pas là ce que je veux dire. Le genre, le caractère, les mœurs, les inclinations d'un peuple, la nature même du sol qu'il habite, toutes ces choses que les publicistes professent devoir être consultées par le législateur d'une nation, pouvaient comporter, à l'égard des Espagnols, d'autres genres d'amélioration que ceux dont la France a reçu le bienfait. Mais les temps, les événemens, l'usurpation même, et le séjour de Joseph et des Français qui l'avaient accompagné en Espagne, tout y avait exercé sur les esprits une influence assez puissante, sans reparler ici du dévouement de la nation à la cause de son roi, pour que Ferdinand VII, au jour où il ressaisit le sceptre légitime, comprît l'intérêt d'améliorations opérées avec sagesse. Dès que personne ne peut nier cela, la démonstration que cet écrit a pour objet est déjà bien avancée. Si en effet l'Espagne a été assaillie de calamités parce que Ferdinand VII n'avait pas pourvu à son repos en lui donnant des lois mieux appropriées à ses besoins, il est clair que la France, préservée de pareils malheurs par l'ouvrage de son roi, doit s'asseoir avec plus de fermeté encore sur des institutions qui ont résisté aux crises périlleuses que j'ai rappelées. Les raisons pour le prouver se pressent en foule.

Et d'abord, les Français demeurés paisibles dans l'intérieur pendant que se vidait cette terrible querelle, ceux surtout qui, à raison de leur âge actuel, ont eu le bonheur de n'être pas les témoins des déchiremens de leur pays dans les premières années de notre révolution, les Français, dis-je, ont pu comparer avec les ravages de l'anarchie en Espagne, le calme dont ils ont continué de jouir. Assurément il n'est pas un d'eux qui, à la lecture journalière des feuilles publiques ou des lettres particulières écrites de cette malheureuse contrée, soit avant, soit depuis la guerre, n'ait senti vivement tout le prix de la différence. Que doit-ce donc être de nos armées qui, répandues pendant plusieurs mois, sur les diverses parties du territoire, y ont été spectatrices des maux enfantés par la rébellion de l'île de Léon et par la tyrannie des Cortès! L'histoire des années 1792, 1793 et 1794, comme celle des années qui ont suivi celles-là, leur avoit appris déjà, par le triste exemple que nous en avons donné au monde, ce que peuvent, pour le malheur d'un peuple, les prétextes sur lesquels des ambitieux fondent leurs promesses de régénération. Mais avoir vu vaut toujours mieux qu'avoir lu ou qu'avoir ouï dire. On peut, dans le second cas, douter de la fidélité des récits, croire à l'exagération des narrateurs. Dans le premier, il n'y a pas moyen de nier l'évidence, et les suites de l'usurpation des Cortès ont donné toute authenticité à l'histoire des fureurs de la Convention. Les Français, donc, à l'aspect des désastres dont a gémi l'Espagne depuis l'attentat commis contre la royauté dans ce pays, ont dû, tout en gémissant eux-mêmes, retomber, avec un secret soulagement, sur leur propre situation, et bénir le monarque qui leur avoit créé tant de motifs de sécurité nationale (1).

Ensuite, le prince auguste à qui le Roi a confié le suprême commandement de ses armées en Espagne, y a bien démenti, par sa modération inaltérable, par la haute sagesse de sa conduite, toutes ces vaines suppositions, toutes ces conjectures téméraires par lesquelles la défiance avait essayé d'abord de tourmenter les esprits. Non, on n'a point voulu préluder par le rétablissement du pouvoir absolu, à main armée, en Espagne, à la destruction de la monarchie constitutionnelle en France. Indépendamment de ce que le second de ces résultats n'est heureusement en la puissance de personne aujourd'hui, personne ne peut non plus raisonnablement y avoir aspiré. En

―――――――――――――――――――――

(1) *Suave mari magno* etc.
  Non quià vexari quemquam etc.

LUCR.

concevant ou en accueillant de semblables craintes, on n'a tenu compte ni du caractère connu de nos Princes, ni des déclarations que, long-temps avant la Restauration, ils avaient publiées dans l'étranger, ni de la réponse que l'héritier présomptif du trône fit au Sénat en avril 1814, avant l'arrivée du Roi, réponse où se trouve tout ce qu'il y a de fondamental dans la Charte; ni du laps de temps qui s'est écoulé depuis, et qui aurait confirmé pour eux, si leur pensée n'eût pas été constamment celle du Roi, la conviction de l'accord dans lequel la Charte seule et les institutions qui seront en harmonie avec elle, peuvent se trouver avec les besoins de la France; ni de cette idée de pur bon sens, mais non moins décisive en faveur de la sécurité, que les princes comme le Roi sont rentrés après vingt-cinq ans d'infortunes, de tribulations et d'exil, et qu'ils ont trouvé dans cette France une génération autre que celle qu'ils y avaient laissée, une génération à qui tout l'ancien système monarchique de France était étranger, et qui, après avoir

souffert cruellement des fureurs de la démagogie, de l'imbécillité de l'olygarchie, de l'ex-
travagance et de la violence du despotisme,
aspirait à se reposer dans le sein d'un gouvernement ami de la liberté, sans être trop faible
en pouvoir. Non, on n'a tenu compte de rien
de tout cela, pas même de ce grand et puissant
intérêt, tout personnel aux princes de la mai-
son de Bourbon, qui leur montre leur trône
affermi avec la Charte, ébranlé, renversé peut-
être par la tentative de substituer une autre
forme de gouvernement au gouvernement de
la Charte. Que si, après cela, on eût pensé à
ce qu'il y a de sacré aux yeux de ces princes,
dans un serment prêté par eux, il n'est pas un
homme en France, nous osons le dire, qui
n'eût repoussé avec indignation la calomnie
qui les a poursuivis avec tant d'acharnement,
et, il faut le redire, avec trop de succès. Que
serait-ce donc, si les données plus particulières
que possèdent à cet égard beaucoup de personnes, pouvaient devenir communes à tous
les Français?

En troisième lieu, la guerre d'Espagne a fait évanouir un prestige fort étrange, sans doute, mais qui n'en opérait pas moins ses effets. Depuis que Bonaparte avait vaincu partout avec les Français, il n'y avait plus, pour beaucoup de gens, d'histoire de France antérieure. Les exploits de nos guerriers sous Philippe-Auguste, sous Louis VIII, sous Louis IX, sous Charles V, sous Charles VII, sous Charles VIII, sous Louis XII, sous François Ier, sous Henri IV, sous Louis XIII, sous Louis XIV, sous Louis XV et sous Louis XVI, tout cela n'était plus compté pour rien, ou, plutôt, comme le bras emporté au maréchal de Ségur, c'était *de l'ancien régime*. Les Français viennent de faire sous un Bourbon ce qu'ils avaient fait sous Bonaparte, ce qu'ils avaient fait long-temps avant Bonaparte, ce qu'ils feront toujours. Ils se sont battus vaillamment, et ils ont vaincu. Seulement, ce qui est à reconnaître, c'est que Bonaparte, saisi une fois de la plus effrayante puissance que l'adulation, la faiblesse et la peur aient jamais donnée à un seul homme, fut le maître absolu de faire la guerre tant qu'il le voudrait ; et comme il le voulut toujours, les occasions de gloire militaire devinrent continuelles. Les Français furent plus souvent intrépides, audacieux, victorieux, parce qu'ils se battirent plus souvent ; mais ils n'en furent que plus malheureux?

D'autres conséquences découlent de cette destruction du prestige et de l'occasion que les Français ont eue de faire la guerre sous les Bourbons.

Le Roi de France a une armée qu'il peut montrer désormais et avec un égal avantage, comme le disait Henri IV de Biron, alors fidèle, à ses amis et à ses ennemis. Cette armée a éprouvé ce que valent les Bourbons avec des soldats qui les suivent. Elle a vu, dans l'un d'eux, la réunion de toutes les vertus chrétiennes et guerrières. Elle aura appris, par l'exemple qu'il en a donné, après l'avoir reçu du vainqueur d'Ivri, que, pour placer une cause juste sous la protection du Dieu des armées, on ne la défend pas avec moins de courage.

Le Roi de France a une marine. Ce corps qui avait acquis tant de gloire sous Louis XIV, qui, sous Louis XV, en était resté en possession et que le règne de Louis XVI avait vu s'élever au plus haut degré de splendeur; ce corps, toujours digne de son ancienne renommée et qui recelait en lui, par la science et par la bravoure, tous les moyens de l'accroître ; ce corps illustre, Bonaparte l'avait dédaigné. Ayant donné à l'Angleterre, par ses combinaisons fausses, une puissance à laquelle ni lord Chatam, ni Pitt lui-même n'auraient jamais admis qu'elle dût prétendre, il désespéra de la vaincre sur cet élément, le théâtre le plus fréquent de ses combats. Aboukir et Trafalgar, où la marine française fut pourtant si grande, même dans ses revers, l'irritèrent contre elle. Elle ne fut désormais plus rien à ses yeux, comme si elle eût dû porter la peine des mauvais calculs par lesquels, en augmentant les forces morales de

l'Angleterre, il neutralisait les forces maté-
rielles et réelles de la France. Cette marine
vient d'être mise à l'épreuve dans la guerre
contre les Cortès. On sait ce qu'ont fait les Ha-
melin, les Duperré, les Desrotours, et tous
ces officiers de divers grades qui, servant sous
leurs ordres, ont déployé une si heureuse in-
telligence, une si héroïque intrépidité. C'est
là une autre armée des Bourbons qui ne leur
est pas moins invinciblement acquise.

La guerre d'Espagne a été l'occasion, pour
nos guerriers, d'actions éclatantes et d'importans services. Elle en a donc été une aussi de
justes récompenses. Les Bourbons savent ré-
compenser; ils l'ont prouvé. Le désir et la cer-
titude d'être distingué leur attacheront donc
plus encore, et à l'Etat, ces militaires qu'on
s'est efforcé si long-temps de décourager par
la comparaison avec le gouvernement de Bonaparte. Et qu'on ne feigne pas de redouter de
ce dévouement de nos soldats à la cause royale
quelque péril pour nos libertés : l'opinion, en

France, au temps où nous sommes parvenus, n'est pas moins éclairée que puissante. Elle ne se méprend pas sur le véritable caractère d'une force publique à la disposition du gouvernement ; elle ne confond point la répression avec l'oppression : l'une la satisfait, l'autre aurait en elle, tout à la fois, un frein et un juge.   .

La guerre d'Espagne encore a, sinon resserré, du moins formé le lien entre l'ancienne et la nouvelle Noblesse. Toutes deux ont la même source, toutes deux ont rivalisé de vaillance et se sont montrées fidèles, l'une aux exemples de famille, l'autre à ses propres exploits. C'est d'émulation entre elles, et non de jalousie qu'on devra parler désormais.

Un autre résultat de la guerre d'Espagne sera d'avoir prouvé qu'en Europe, au moins, la masse des peuples est éclairée sur le véritable but des instigateurs de soulèvemens, et se sent bientôt fatiguée des convulsions politiques. Indépendamment de l'accueil que les armées françaises ont trouvé partout où les Espagnols ont été libres de manifester leurs vrais senti-mens, un autre fait le démontre mieux encore : c'est pendant l'usurpation des Cortès et à une époque où les désastres de tout genre fondaient sur l'Espagne, que le Portugal a secoué le joug de ses oppresseurs pour se replacer sous le sceptre légitime. Et, en effet, la révolution de France elle seule forme un livre dans lequel le peuple de tout pays sait lire aussi couramment que les plus habiles.

Mais l'un des fruits les plus précieux qui soient à recueillir de cette guerre en Espagne, puisqu'elle était devenue inévitable, c'est le discrédit certain qui doit s'attacher de plus en plus aux idées de pouvoir absolu, même dans l'esprit de quiconque avait pu les chérir jusqu'à présent; c'est la faveur qu'obtiendra de jour en jour le système d'une monarchie où la force nécessaire d'action est réglée par des lois rendues dans les seules formes qu'avoue la loi fondamentale de l'État. Le pouvoir ab-

solu, s'il n'était pas jugé depuis long-temps
par les exemples nombreux que l'histoire offre
de ses conséquences, pourrait l'être d'après
les causes et les désastres de la guerre d'Espagne. Le pouvoir absolu fait le malheur des
Rois comme la souffrance des peuples. Il ne
profite, le plus souvent, qu'aux hommes cor-
rompus, et les Rois, que ces hommes trom-
pent, sont nommés dans les gémissemens des
peuples qu'on opprime en leur nom, comme
auteurs de maux qui ne sont pas leur ouvrage.
Tôt ou tard des ambitieux s'emparent des
mécontentemens publics. Ils changent la face
de l'Etat par des actes violens. Mais comme
ils n'ont travaillé que pour eux-mêmes, l'Etat
n'y gagne que de connoître des calamités nouvelles. Le pouvoir réglé, au contraire, assure
aux Rois, en préservant de l'oppression les
peuples, toutes les bénédictions de ceux-ci
pour le bien qui s'opère, sans qu'ils aient à
craindre que le mal qui se ferait encore leur
soit imputé. Le pouvoir réglé recèle en lui le
principe de sa propre durée; car les peuples

ont le sentiment de leurs besoins, au nombre
desquels se place surtout celui d'une sage vigueur dans l'action de tout gouvernement
tempéré. Ils n'aspirent donc ni à des changemens, ni à des innovations, même avec l'expérience d'imperfections ou d'inconvéniens,
que le temps peut seul laisser juger et faire
disparaître, parce qu'ils savent que le désir du
mieux et le péril du pire sont à une effrayante
proximité l'un de l'autre.

Que ne doit-ce donc pas être lorsqu'un pouvoir de cette nature repose entre les mains du
Monarque légitime! Toutes les usurpations sont
inquiètes, celles d'une multitude, comme celle
d'un seul homme. Elles traitent les peuples en
ennemis, parce qu'elles sont sans confiance en
eux, qui n'en ont point en elles. La Convention, le Directoire, Bonaparte, ont prouvé
cela. Le Monarque légitime est aux peuples
qu'il gouverne, ce que le père est à la famille.
Il en est le chef. Au milieu d'eux, il vit en sécurité, comme n'usant que d'un pouvoir qui

lui appartient et, lorsqu'il a eu la sagesse de borner ce pouvoir, de le régler par des lois, au-dessus desquelles il ne voudra jamais se placer, il devient, par cela même, le plus affermi des Monarques, puisqu'il a pour lui la légitimité de son trône, l'autorité des lois et l'appui des affections. Oui, les Gouvernemens légitimes sont ceux qui ont le plus grand intérêt à la modération du pouvoir. Si à ces maximes on étoit tenté d'opposer l'exemple d'un pays où, en Europe, le Monarque est, depuis plus d'un siècle et demi, presque constitutionnellement investi d'une puissance absolue, je répondrai que l'exemple n'est pas heureux. D'un côté, en effet, l'histoire de cette révolution du Danemark, en 1660, révèle comme cause qui y détermina la forme de son Gouvernement actuel, l'oppression d'une partie de la nation par l'autre, celle-ci alors la plus puissante ; oppression devenue tellement intolérable pour la première qu'elle n'y vit de remède que dans l'omnipotence d'un Roi. De l'autre, on sait généralement que, pour être absolue, politiquement parlant, la Monarchie du Danemarck n'en est pas moins douce et paternelle; comme si les princes qui gouvernent cette contrée se transmettaient, avec l'hérédité du sceptre, celle du souvenir des causes de leur pouvoir sans bornes, et le précepte de n'opprimer jamais un peuple qui ne s'est abandonné à eux sans réserve que par lassitude de l'oppression. Je pense, au surplus, qu'il faut compter aussi pour quelque chose la différence des latitudes. Objecterait-on, aussi, ce cri de *vive le Roi absolu*, qui s'est fait entendre, avant et pendant la guerre, sur quelques points de l'Espagne, et s'en prévaudrait-on pour soutenir que les Espagnols demandent aussi que leur Monarque non-seulement fasse les lois, mais, même, se place au-dessus des lois? Je crois que Ferdinand VII ne s'y est pas mépris et qu'il a interprété ce vœu dans son véritable sens. C'est-à-dire qu'il aura compris que, fatiguée de ses tyrans populaires, malheureuse de l'anarchie qui la dévorait, et sûre des intentions personnelles de son Roi, désormais éclairé par la plus terrible des expériences, la nation Espagnole s'en remet à lui du soin de l'avenir commun, plutôt que d'essayer plus long-temps des théories qui ensanglanteraient indéfiniment son territoire, pour le profit de quelques hommes! Au moment où j'écris ces pages, on ne connaît point encore en France , les projets de Ferdinand VII resaisissant les rênes de son Gouvernement. Mais il est permis de penser que ni l'auguste adversité de ce Monarque, ni l'exemple du vénérable chef de sa famille ne seront perdus pour lui. Il serait, pareillement, difficile d'admettre que l'admirable sagesse de son auguste auxiliaire, de ce prince accompli dont les vertus chrétiennes et guerrières ont forcé tous les hommages, ne lui paraisse pas devoir être le plus noble des modèles à suivre. Que si des conjectures aussi naturelles pouvaient ne pas se réaliser, ah! que le poids des conséquences retombe sur les seuls auteurs de nouvelles et plus terribles calamités, dès lors devenues inévitables! Mais, dans ce cas-là même, l'état de l'Espagne n'opérerait en rien sur celui

de notre France, où les sentimens et les résolutions des Bourbons qui la gouvernent sont
dans un heureux accord avec l'opinion nationale contre le pouvoir absolu.

A toutes ces conséquences, infaillibles selon
moi, de la guerre que les Français ont été for-
cés de faire en Espagne, il faut ajouter le dé-
couragement dans lequel vont tomber les en-
trepreneurs et les agens subalternes de toutes
ces petites conspirations honteuses qui n'auraient été que ridicules si elles n'eussent pas
été criminelles, et ont occupé, depuis plusieurs
années, la vigilance de nos magistrats. Ce ne
sera donc plus, aujourd'hui, une chose si fa-
cile que de soulever la masse d'un grand peuple contre l'ordre établi. L'expérience aura
donc, enfin, parlé assez haut pour être com-
prise. Le travail et l'industrie y gagneront tout
ce qu'auront perdu l'esprit de faction et la fureur d'innover. Combien, en effet, la France
aurait pu recueillir d'utilité , pour sa prospérité intérieure, du concours de beaucoup

d'hommes qui, séduits, soit par des doctrines trompeuses, soit par de folles espérances, se sont livrés avec aveuglement à des systèmes pour l'exécution desquels ils ont risqué tout leur avenir! Combien de jeunes imprudens , qui, peut-être, auraient honoré leur vie par leurs actions et par des succès, dans les conditions qui étaient ou devaient être les leurs, et que de funestes directions ont tellement détournés de leur voie qu'ils ont à désespérer de pouvoir s'y rengager! Combien les lettres, les sciences, les arts, les métiers, toutes ces carrières ouvertes au génie, au talent, à la réputation, à la fortune même, n'ont-ils pas à regretter de ces hommes qui, sans la séduction exercée envers eux par de déplorables illusions, s'avanceraient déjà avec confiance vers la considération publique! La leçon a été terrible, sans doute. Mais si quelque chose peut en compenser la rigueur, aux yeux d'un ami de l'humanité, c'est de pouvoir présager, comme prochain, le terme de tant d'affligeans égaremens.

Les développemens qui précèdent me semblent renfermer toutes les raisons d'admettre, comme résultat nécessaire de la guerre en Espagne, l'affermissement de la dynastie qui gouverne la France et de la monarchie constitutionnelle que cette dynastie y a fondée.

La France, il faut qu'on le reconnaisse enfin, était sortie de sa sphère, lorsque le pouvoir a cessé d'y être légitime. Elle est rentrée dans sa sphère quand le pouvoir légitime s'y est rétabli. C'est là une vérité dont la conscience doit se trouver aujourd'hui dans ceux-là même que l'intérêt, l'affection ou la force des circonstances avaient attachés aux gouvernemens précédens. Je vais plus loin, et j'ose penser que, sous ces gouvernemens-là, les hommes dont je parle, et parmi lesquels il s'en est rencontré en grand nombre dont les vertus ou les talens honoraient léur pays, éprouvaient, jusqu'au sein des hauts emplois et des premières dignités, un trouble secret qui les avertissait que les choses n'étaient pas à leur place. Elles s'y sont remises sous les Bourbons; et déjà avec toute la stabilité que leur assurait le droit légitime de nos princes, fortifié, pour les peuples, du souvenir de leurs maux passés.

La France, déjà redevenue imposante au-dehors pendant les huit années de paix qui ont suivi la seconde restauration, vient de reprendre en Europe, par le résultat d'une guerre, son rang tout entier. Au-dedans, trop d'irritation sans doute échauffe encore les esprits, trop de défiance réciproque retarde le rapprochement des cœurs. C'est que la touchante invitation du Roi, d'être unis et d'oublier, rencontre encore des résistances. Cependant, la France montre les royalistes en nombre immense, ou plutôt (car quelques ennemis réels disséminés sur le territoire ne doivent pas être comptés), la France entière est royaliste si l'on veut bien, enfin, que ce nom appartienne à tous ceux qui ont et déclarent leur intérêt au gouvernement des Bourbons selon la Charte. Oui, parmi ceux que, soit au sein des Chambres, soit dans le monde, on désigne sous le nom de libéraux, même parmi les chefs que l'opinion du parti royaliste donne à cet autre parti, il y a plus de royalistes qu'on ne pense, lorsqu'on veut bien enfin entendre par ce mot le Français dans le cœur duquel la dynastie des Bourbons et le gouvernement par la Charte sont des choses inséparables. Sans doute, parmi ces libéraux de nom, il en est que leur âge, les intérêts de position, tant de circonstances qui, dans les révolutions politiques, expliquent la diversité des dispositions ou des affections, ont rendus étrangers à la famille des Bourbons. Les uns, trop jeunes, ne les avaient jamais connus. D'autres ont vu leur existence sociale personnelle modifiée par l'événement et par les suites de la Restauration. Mais tous ces hommes-là ont des familles, des professions, des propriétés; tous ces hommes-là veulent surtout le maintien de l'ordre public, auquel est lié leur bonheur particulier. Chacun d'eux a ce sentiment, qu'avec les Bourbons seuls la France peut rester France;

que, les Bourbons de moins, trois seules autres conditions seraient celles de la France, l'anarchie, le despotisme, ou l'étranger, toutes choses auxquelles un vrai Français ne songe qu'avec horreur. Et c'est en quoi la situation des Bourbons en France est admirable. La nécessité, un évident intérêt de chacun, y ont vaincu, au profit de l'immuabilité de leur dynastie, ceux qui ne sont pas assez heureux pour les connaître, c'est-à-dire pour savoir jusqu'à quel point ils méritent d'être aimés. Qu'on parvienne à détromper les prétendus libéraux dont je parle, et qui sont tout prêts à dédaigner cette dénomination. Qu'on les désabuse d'une erreur qui trouble leur sécurité, parce qu'elle les tient en état de défiance ; de cette erreur qui suppose possible, et même secrètement voulu, un autre gouvernement que celui de la Charte, et le nombre de tous ceux qu'il faudra nommer royalistes deviendra incalculable. C'est, en effet, l'immense majorité des Français qui veut de l'ordre, du repos, du bonheur, toute choses que la monarchie selon la Charte assure à ceux qui vivent sous ses lois.

Ces orages qui crèvent sur les empires, et qu'on appelle révolutions, laissent toujours des traces longues et profondes. Encore bien des années après que les crises violentes sont passées, les préventions demeurent, les défiances subsistent, les éloignemens durent. Les différences d'opinion, même sur des points qui ne sont pas fondamentaux, ou bien seulement sur les personnes, créent ces dénominations qui signalent la division et perpétuent les animosités. Il n'y a, pour beaucoup de gens, qu'un pas du mécontentement d'une opinion qui contrarie la leur, sur tel point ou sur telle personne, au soupçon des intentions Les amours-propres sont blessés. Les cœurs s'aigrissent. Bientôt, c'est la passion qui aveugle les esprits et, loin de reconnaître que toute différence de manière de voir n'est pas opposition, comme toute opposition elle-même n'est pas inimitié, on se juge réciproquement avec une déplorable inflexibilité. Ce qu'il faudrait faire, ce serait, d'abord, de se juger un peu soi-même. A coup sûr, si chacun prenait ce parti, il y aurait bien à rabattre, pour tout le monde, de la rigueur avec laquelle, en France, depuis la Restauration, on s'arroge le droit de censure. A qui appartient-il bien, je l'ai déjà demandé dans un autre ouvrage d'une nature plus grave, mais la question ne saurait être trop répétée, à qui appartient-il, parmi nous, le droit d'être impitoyable? Qui se sent assez pur, depuis le commencement de nos troubles politiques, c'est-à-dire depuis quarante à cinquante ans (car l'origine en remonte jusque-là), pour *jeter* à d'autres *la première pierre?* Qui peut dire n'avoir point failli, si ce n'est cette précieuse jeunesse sur laquelle pèse si douloureusement, aujourd'hui, le poids de nos fautes? Tous, nous avons erré. L'extrême facilité de mœurs; la complaisance dans les idées philosophiques modernes; l'obstination dans quelques abus manifestes; les conseils et les actes passionnés; les luttes imprudentes; la faveur accordée à de faux systèmes; la pusillanimité dans les crises décisives; les petites ambitions personnelles ; les petits calculs de l'amour-propre ou de l'intérêt privé, mis à la place du bien de l'Etat; la violence des haines; les moyens inconsidérés de les assouvir; les injustices publiques ou particulières; la souffrance universelle produite par tout cela, quel est le Français, jeune à la naissance de nos malheurs, et vieilli avec la révolution et par elle, qui puisse affirmer n'avoir point à s'appliquer quelqu'un de ces torts de conduite, n'avoir point à gémir de quelqu'une de ces erreurs ? Si un tel Français existe, on peut être assuré que, précisément parce qu'il sera plus irréprochable, il se montrera moins inflexible. Toutes les fautes commises n'ont point été, j'en conviens, également graves. Mais, toutes, elles ont contribué au désordre général, auquel chacun, ainsi, se trouve avoir plus ou moins contribué. La justice, donc, nous fait un devoir de nous les remettre mutuellement. Ce qui ne veut pas dire qu'il faille demeurer indifférens sur des actes hostiles, mais, seulement, que nous ne devons pas toujours juger des intentions présentes par les fautes ou par les attachemens passés.

En vérité, notre bonheur d'être Français ne me paraît pas nous toucher assez. Que d'avantages, pourtant, sont attachés à cette condition de Français ! Qu'il est riche, qu'il est fortuné, le sol de notre patrie ! Enfermé dans des limites que la main de la nature semble avoir elle-même posées ; couvert de magnifiques moissons ; productif de vignobles précieux ; entre-coupé de fleuves et de rivières qui assurent la facilité des communications de toutes ses parties entre elles ; habité par une nation brave, spirituelle, active, industrieuse ; embelli de tous les chefs-d'œuvre des arts divers ; immortalisé par des faits glorieux en tout genre, par des ouvrages de génie qui en rendent l'histoire un noble sujet d'orgueil pour nous, qu'il est donc favorisé, ce sol de notre France, où se rencontrent tous les élémens de prospérité, et sur lequel la Providence semble avoir versé tous ses dons avec une complaisance particulière ! Aussi les étrangers n'ont-ils pu comprendre que les habitans d'un si beau pays aient dédaigné, pendant un quart de siècle, tant de bienfaits, et passé leur vie dans les agitations violentes qui sont inséparables de l'essai de huit ou dix formes de gouvernement successives.

Mais enfin, les Bourbons nous ont été rendus. Nous les possédons. Nous vivons sous leur règne. Un gouvernement régulier, fondé sur des principes généreux, a été, pour nous, le bienfait de leur expérience et de leur prévoyance. Les tribunaux y sont indépendans, l'administration soumise à des règles rigoureuses, l'armée de paix bornée dans ses forces. Si la religion catholique, comme cela devait être, a été proclamée la religion de l'Etat, l'exercice des autres cultes est libre et protégé. L'impôt se vote. Les lois se discutent à la tribune nationale, comme les actes du gouver-

nement dans tous les écrits, pour la publica-
tion desquels la presse est libre, sauf la répression légale des délits qu'elle peut enfanter.
Tous les citoyens peuvent aspirer aux plus
hauts emplois, sans distinction de naissance,
dans la magistrature, dans l'administration,
dans l'armée. Et cette égalité de droits pour
tous n'est pas chimérique ; des faits nombreux
sont là pour la preuve. Les lettres, les sciences,
les arts, l'industrie, le travail, tout cela non-
seulement ne reçoit point d'entraves, mais encore s'anime par l'encouragement. Voilà les
vues, voilà la loi dans la monarchie des Bourbons. Elle offre, elle assure aux Français toute
la liberté compatible avec le maintien d'un
ordre social. Et cette liberté est réelle. Sous
les gouvernemens précédens, on se taisait et
on allait au gré des maîtres. Aujourd'hui, on
parle, et même bien haut, et l'on ne veut aller
qu'au gré de la loi. Sous les gouvernemens précédens, surtout pendant la trop longue durée
du dernier, on était sans intérêt pour raison-
ner sur les affaires publiques, parce que l'opi-

nion publique n'avait aucune influence sur leur direction, ni sur leur marche. Aujourd'hui, la tendance générale des esprits les porte vers les matières politiques. On les examine, on les débat dans les cercles, dans les salons, dans les comptoirs, dans les lieux publics, au sein des familles, partout enfin. Et, souvent, de ces discussions jaillissent des idées lumineuses qui passent de la conversation à la tribune, et par lesquelles se perfectionnent ou sont écartés des projets de lois. Voilà des faits, je le pense, que, même avec de l'humeur ou du mécontentement, on ne peut nier.

Si ce n'est pas là de la liberté, que voudrait-on donc? La perfection? Elle n'est point donnée aux institutions humaines. Jamais d'erreurs dans les lois? Ce sont des hommes qui les font. Jamais de méprises de l'administration sur les choses ni sur les personnes? C'est à des hommes que le pouvoir est confié. Et si nous devions demeurer en attitude de défiance, d'irritation, d'hostilité à l'égard les uns des autres

jusqu'à ce qu'aucun abus ne se commît, jusqu'à ce qu'aucun écart n'eût lieu, jusqu'à ce
qu'aucune faute ou aucun acte juste n'engen-
dràt un mécontentement, il faudrait donc re-
noncer à connaître jamais un état de paix intérieure. Qu'on le croie bien : les vrais amis
des Bourbons, qui seraient heureux de les
voir couverts de l'universelle bénédiction
qu'ils méritent, sont ceux aussi qu'affligent le
plus les plaintes légitimes, parce que la cause
de ces plaintes tend à altérer les affections
dont ils sont si dignes. Mais, tôt ou tard, plus
d'une réparation, réclamée par l'évidence,
console les victimes de l'erreur avérée; et
quand cela n'est pas (ce qu'il faut toujours déplorer), une méprise de l'administration signa-
lée avec la vigueur que donne la conscience
d'avoir raison contre elle opère, au moins, cet
effet, d'en prévenir beaucoup d'autres.

Si, déjà, telle était la force de la monarchie
constitutionnelle des Bourbons avant les troubles successifs du Piémont, de Naples, du

Portugal et de l'Espagne, que d'aussi rudes secousses y aient laissé le gouvernement dans
toute sa régularité, dans toute sa liberté d'action, avoir préjugé l'accroissement de cette
force par les résultats de la guerre récente en
Espagne, n'est pas avoir présumé trop de l'a-
venir. Un pas immense de plus sera fait si les
préventions exagérées et les défiances injustes
ont enfin un terme. Que les uns cessent d'im-
puter aux autres de vouloir le douzième siècle,
et ceux-ci à ceux-là de redemander 1793, ou
la verge de fer. Ce n'est pas sérieusement qu'on
croit à de pareils vœux. Mais enfin, si la folie
des premiers, la fureur ou la bassesse des se-
conds pouvaient exister dans quelques têtes
ou dans quelques âmes, en vérité, la France
est trop puissante et trop éclairée, tout à la
fois, pour s'en former un sujet d'inquiétude.
Il est pourtant trop vrai de le dire, c'est avec
de telles accusations réciproques qu'on tour-
mente la multitude et qu'on se tient soi-même
dans un état continuel d'exaspération. Jamais
les circonstances ne furent plus favorables

pour l'entier rapprochement des cœurs. Au dehors, la France brille d'une gloire éclatante. Elle est calme et majestueuse au dedans. Tous les moyens d'être heureux existent pour nous dans une monarchie constitutionnelle où les Bourbons règnent. Que nous reste-t-il donc à faire pour le devenir ? De le vouloir.

FIN.